AF194512

Impressum
Verlag: BABADADA GmbH, Nedderfeld 112 , 22529 Hamburg
Geschäftsführer / Verlagsleitung: Harald Hof
Druck: Books on Demand GmbH, In de Tarpen 42, 22848 Norderstedt

Imprint
Publisher: BABADADA GmbH, Nedderfeld 112 , 22529 Hamburg, Germany
Managing Director / Publishing direction: Harald Hof
Print: Books on Demand GmbH, In de Tarpen 42, 22848 Norderstedt

учиона
classroom

делити
divide

186/2

плоча
board

школско двориште
school yard

наставник
teacher

писати
write

папир
paper

хемијска оловка
pen

писаћи сто
desk

лењир
ruler

књига
book

ученик
pupil

торба

satchel

перница

pencil case

графитна оловка

pencil

шиљило за оловке

pencil sharpener

гумица за брисање

rubber

блок за цртање

drawing pad

црттеж

drawing

кист

paintbrush

кутија са бојама

paint box

маказе

scissors

лепило

glue

бележница

exercise book

домаћи задатак

homework

број

number

2+2

сабирати

add

5-2

одузимати

subtract

множити

multiply

рачунати

calculate

слово

letter

абецеда

alphabet

реч

word

текст

text

читати

read

креда

chalk

час

lesson

дневник

register

испит

exam

сведочанство

certificate

школска униформа

school uniform

образовање

education

лексикон

encyclopedia

универзитет

university

микроскоп

microscope

карта

map

кошара за папир

waste-paper basket

хотел
hotel

преноћиште
hostel

мењачница
bureau de change

кофер
suitcase

ауто
car

језик

language

да / не

yes / no

океј

Okay

здраво

hello

преводилац

translator

хвала

Thank you

Колико кошта...?

how much is...?

не разумем

I do not understand

проблем

problem

добро вече!

Good evening!

Добро јутро!

Good morning!

Лаку ноћ!

Good night!

довиђења

bye bye

смер

direction

пртљага

luggage

торба

bag

руксак

backpack

гост

guest

соба

room

врећа за спавање

sleeping bag

шатор

tent

туристичке информације

tourist information

плажа

beach

кредитна картица

credit card

доручак

breakfast

ручак

lunch

вечера

dinner

карта за вожњу

ticket

лифт

lift

поштанска маркица

stamp

граница

border

царина

customs

амбасада

embassy

виза

visa

пасош

passport

авион / aeroplane

брод / ship

ватрогасно возило / fire engine

аутобус / bus

теретно возило / truck

моторни чамац / motorboat

бицикл / bike

ауто / car

трајект

ferry

чамац

boat

мотоцикл

motorbike

полицијски ауто

police car

тркаћи ауто

racing car

изнајмљено ауто

rental car

деление аутомобила

car sharing

вучно возило

breakdown truck

возило за одвоз смећа

refuse truck

мотор

motor

бензин

fuel

бензинска станица

petrol station

саобраћајни знак

traffic sign

саобраћај

traffic

застој

traffic jam

паркиралиште

car park

железничка станица

train station

шине

tracks

воз

train

трамвај

tram

вагон

carriage

хеликоптер

helicopter

аеродром

airport

кула

tower

путник

passenger

контејнер

container

картон

carton

колица

cart

корпа

basket

узлетети / слетети

take off / land

град

city

село

village

центар града

city centre

кућа

house

кино
cinema

реклама
advert

улична светиљка
street lamp

улица
street

такси
taxi

киоск
snack shop

пешак
pedestrian

тротоар
pavement

пешачки прелаз
zebra crossing

контејнер за отпад
bin

раскрсница
crossing

семафор
traffic lights

колиба

hut

стан

flat

железничка станица

train station

већница

town hall

музеј

museum

школа

school

град - city

универзитет

university

банка

bank

болница

hospital

хотел

hotel

апотека

pharmacy

канцеларија

office

књижара

book shop

продавница

shop

цвећара

florist's

супермаркет

supermarket

трг

market

робна кућа

department store

рибарница

fishmonger's

трговачки центар

shopping centre

лука

harbour

парк

park

клупа

bench

мост

bridge

степенице

stairs

подземна железница

underground

тунел

tunnel

аутобуска станица

bus stop

бар

bar

ресторан

restaurant

поштанско сандуче

postbox

улични знак

street sign

паркирни аутомат

parking meter

зоолошки врт

zoo

базен

swimming pool

џамија

mosque

сеоско газдинство

farm

загађење околине

pollution

гробље

graveyard

црква

church

игралиште

playground

храм

temple

пејсаж

landscape

лист
leaf

путоказ
signpost

пут
way

ливада
meadow

камен
stone

дрво
tree

шетач
hiker

река
river

трава
grass

цвет
flower

долина

valley

планина

hill

језеро

lake

шума

forest

пустиња

desert

вулкан

volcano

дворац

castle

дуга

rainbow

гљива

mushroom

палма

palm tree

москито

mosquito

мува

fly

мрав

ant

пчела

bee

паук

spider

буба

beetle

жаба

frog

веверица

squirrel

јеж

hedgehog

зец

hare

сова

owl

птица

bird

лабуд

swan

дивља свиња

boar

јелен

deer

лос

moose

насип

dam

ветрењача

wind turbine

соларна плоча

solar panel

клима

climate

конобар
waiter

јеловник
menu

столица
chair

супа
soup

пица
pizza

прибор за јело
cutlery

стољњак
tablecloth

предјело
starter

главно јело
main course

десерт
dessert

напитци
drinks

јело
food

флаша
bottle

брза храна

fast food

имбис храна

street food

чајник

teapot

доза за шећер

sugar bowl

порција

portion

апарат за еспресо

espresso machine

висока столица

high chair

рачун

bill

послужавник

tray

нож

knife

виљушка

fork

кашика

spoon

чајна кашика

teaspoon

салвета

serviette

чаша

glass

тањир

plate

тањир за супу

soup plate

тањирић

saucer

сос

sauce

сољенка

salt pot

млин за бибер

pepper mill

сирће

vinegar

уље

oil

зачини

spices

кечап

ketchup

сенф

mustard

мајонеза

mayonnaise

супермаркет
supermarket

понуда
special offer

купац
customer

млечни производи
dairy

воће
fruit

колица за куповину
trolley

месница

butcher´s

пекара

baker´s

вагати

weigh

поврће

vegetables

месо

meat

смрзнута храна

frozen food

нарезак

cold meat

конзерве

tinned food

средство за прање

washing powder

слаткиши

sweets

артикли за домаћинство

household products

средства за чишћење

cleaning products

продавачица

salesperson

благајна

till

благајник

cashier

листа за куповину

shopping list

време рада

opening hours

новчаник

wallet

кредитна картица

credit card

торба

bag

пластична кеса

plastic bag

вода

water

сок

juice

млеко

milk

кола

coke

вино

wine

пиво

beer

алкохол

alcohol

какао

cocoa

чај

tea

кава

coffee

еспресо

espresso

капућино

cappuccino

банана

banana

јабука

apple

наранџа

orange

лубеница

melon

лимун

lemon

шаргарепа

carrot

бели лук

garlic

бамбус

bamboo

лук

onion

гљива

mushroom

орашасти плодови

nuts

резанци

noodles

шпагете

spaghetti

рижа

rice

салата

salad

помфрит

chips

печени крумпир

fried potatoes

пица

pizza

хамбургер

hamburger

сендвич

sandwich

шницла

cutlet

шунка

ham

салама

salami

кобасица

sausage

кокош

chicken

печење

roast

риба

fish

зобене пахуљице

porridge oats

мусли

muesli

кукурузне пахуљице

cornflakes

брашно

flour

кроасан

croissant

пециво

bread roll

хлеб

bread

тоаст

toast

кекси

biscuits

маслац

butter

свежи сир

curd

колач

cake

jaje

egg

jaje на око

fried egg

сир

cheese

сладолед

ice cream

шећер

sugar

мед

honey

мармелада

jam

нугат крема

chocolate spread

кари

curry

сеоска кућа
farmhouse

бале сена
straw bale

амбар
barn

поље
field

коњ
horse

приколица
trailer

ждребе
foal

трактор
tractor

магарац
donkey

лане
lamb

овца
sheep

коза
goat

крава
cow

теле
calf

свиња
pig

прасе
piglet

бик
bull

гуска

goose

патка

duck

пилићи

chick

кокош

hen

петао

cock

пацов

rat

мачка

cat

миш

mouse

во

ox

пас

dog

кућица за пса

doghouse

вртно црево

garden hose

канта за поливање

watering can

коса

scythe

плуг

plough

срп

sickle

мотика

hoe

виљушка за ђубриво

pitchfork

секира

axe

тачке

wheelbarrow

корито

trough

посуда за млеко

milk can

врећа

sack

ограда

fence

штала

stable

стакленик

greenhouse

земља

soil

семе

seed

ђубриво

fertilizer

комбајн

combine harvester

жети

harvest

жетва

harvest

јамс зачин

yams

пшеница

wheat

соја

soy

кромпир

potato

кукуруз

corn

уљана репица

rapeseed

воћка

fruit tree

гомољ маниоке

cassava

житарице

cereals

димњак
chimney

кров
roof

жлеб
drainpipe

прозор
window

гаража
garage

звоно
doorbell

врата
door

корпа за отпад
rubbish bin

поштанско сандуче
letterbox

врт
garden

дневна соба

living room

купаоница

bathroom

кухиња

kitchen

спаваћа соба

bedroom

дечија соба

child's room

трпезарија

dining room

под

floor

зид

wall

строп

ceiling

подрум

cellar

сауна

sauna

балкон

balcony

тераса

terrace

базен

pool

косилица за траву

lawn mower

постељина за кревет

sheet

дека за кревет

bedspread

кревет

bed

метла

broom

канта

bucket

прекидач

switch

тапета
wallpaper

слика
picture

светиљка
lamp

регал
shelf

ормар
cupboard

камин
fireplace

телевизија
television

цвет
flower

јастук
cushion

кауч
sofa

ваза
vase

даљински управљач
remote control

тепих
carpet

завеса
curtain

сто
table

столица
chair

столица за њихање
rocking chair

фотеља
armchair

књига

book

дека

blanket

декорација

decoration

дрво за огрев

firewood

филм

film

хи-фи уређај

hi-fi equipment

кључ

key

новине

newspaper

слика на платну

painting

постер

poster

радио

radio

блок за писање

notepad

усисивач

hoover

кактус

cactus

свећа

candle

фрижидер
fridge

микроталасна рерна
microwave oven

кухињска вага
kitchen scales

средство за чишћење
detergent

тоастер
toaster

рерна
oven

претинац за замрзавање
freezer

корпа за отпад
rubbish bin

машина за прање суђа
dishwasher

шпорет

cooker

лонац

pot

гвоздени лонац

cast-iron pot

вок / кадаи

wok / kadai

тава

pan

кувало за воду

kettle

кувало на пару

steamer

лим за печење

baking tray

посуђе

crockery

чаша

mug

посуда

bowl

штапићи за јело

chopsticks

кутлача

ladle

лопатица

spatula

пењача

whisk

сито за кување

strainer

сито

sieve

рибеж

grater

мужар

mortar

роштиљ

barbecue

огњиште

open fire

даска

chopping board

оклагија

rolling pin

вадичеп

corkscrew

конзерва

can

отварач конзерви

can opener

крпа за лонац

pot holder

судопер

sink

четка

brush

сунђер

sponge

миксер

blender

замрзивач

deep freezer

флашица за бебе

baby bottle

славина за воду

tap

купаоница
bathroom

туш / shower

грејање / heating

пешкир / towel

завеса за туш / shower curtain

пенушава купка / bubble bath

када / bathtub

чаша / glass

машина за прање веша / washing machine

славина за воду / tap

плочице / tiles

тута / potty

судопер / sink

тоалет

toilet

чучавац

squat toilet

бидет

bidet

писоар

urinal

тоалетни папир

toilet paper

четка за тоалет

toilet brush

четкица за зубе

toothbrush

паста за зубе

toothpaste

конац за зубе

dental floss

прати

wash

туш ручица

handheld shower

туш за прање интимних делова

douche

лавор

basin

четка за прање леђа

back brush

сапун

soap

гел за туширање

shower gel

шампон

shampoo

крпа за прање

flannel

одвод

drain

крема

cream

дезодоранс

deodorant

огледало

mirror

козметичко огледало

hand mirror

бријач

razor

пена за бријање

shaving foam

лосион за после бријања

aftershave

чешаљ

comb

четка

brush

фен за косу

hair dryer

спреј за косу

hairspray

шминка

makeup

руж за усне

lipstick

лак за нокте

nail varnish

вата

cotton wool

маказе за нокте

nail scissors

парфем

perfume

козметичка торбица

washbag

столица

stool

вага

weighing scale

огртач

bathrobe

рукавице за чишћење

rubber gloves

тампон

tampon

уложак

sanitary towel

хемијски тоалет

chemical toilet

будилник
alarm clock

плишана играчка
cuddly toy

ауто играчка
toy car

звечка
rattle

кућица за лутке
doll's house

поклон
present

балон

balloon

кревет

bed

дјечија колица

pram

игра са картама

deck of cards

слагалица

jigsaw

стрип

comic

лего коцкице

lego bricks

коцкице за слагање

building blocks

акциони јунак

action figure

бенкица за бебе

babygrow

фризби

frisbee

висеће играчке

mobile

друштвене игре

board game

коцка

dice

минијатурна жељезница

model train set

дуда

dummy

забава

party

сликовница

picture book

лопта

ball

лутка

doll

играти

play

пешчаник
....
sandpit

љуљачка
....
swing

играчка
....
toys

конзола за игре
....
video game console

трицикл
....
tricycle

теди
....
teddy bear

ормар
....
wardrobe

одећа

clothing

кратке чарапе
....
socks

чарапе
....
stockings

хулахопке
....
tights

шал
scarf

кишобран
umbrella

каиш
belt

мајица
t-shirt

папуче
slippers

чизме
boots

патике
trainers

сандале
....
sandals

ципеле
....
shoes

гумене чизме
....
rubber boots

гаћице
....
underpants

грудњак
....
bra

поткошуља
....
vest

боди

body

панталоне

trousers

фармерке

jeans

сукња

skirt

блуза

blouse

кошуља

shirt

џемпер

pullover

џемпер с капуљачом

hoodie

сако

blazer

јакна

jacket

мантил

coat

кабаница

raincoat

костим

costume

хаљина

dress

венчаница

wedding dress

одело

suit

спаваћица

nightgown

пиџама

pyjamas

сари

sari

марама за главу

headscarf

турбан

turban

бурка

burqa

кафтан

kaftan

абаја

abaya

купаћи костим

swimsuit

купаће гаћице

trunks

кратке панталоне

shorts

одећа за тренинг

tracksuit

кецеља

apron

рукавице

gloves

одећа - clothing

дугме

button

наочаре

glasses

наруквица

bracelet

огрлица

necklace

прстен

ring

наушница

earring

капа

cap

вешалица

coat hanger

шешир

hat

краватa

tie

патент затварач

zip

кацига

helmet

нараменице

braces

школска униформа

school uniform

униформа

uniform

подбрадак

bib

дуда

dummy

пелена

nappy

сервер
server

ормар за списе
filing cabinet

штампач
printer

монитор
monitor

папир
paper

миш
mouse

писаћи стол
desk

мапа
folder

тастатура
keyboard

кошара за папир
waste-paper basket

столица
chair

компјутер
computer

шалица за каву

coffee mug

калкулатор

calculator

интернет

internet

лаптоп

laptop

писмо

letter

порука

message

мобилни телефон

mobile

мрежа

network

уређај за копирање

photocopier

софтвер

software

телефон

telephone

утичница

plug socket

факс

fax machine

формулар

form

документ

document

куповати

buy

платити

pay

трговати

trade

новац

money

долар

dollar

евро

euro

јен

yen

рубља

rouble

швајцарски франак

Swiss franc

ренминди јуан

renminbi yuan

рупија

rupee

аутомат за новац

cashpoint

мењачница

bureau de change

злато

gold

сребро

silver

нафта

oil

енергија

energy

цена

price

уговор

contract

порез

tax

деонице

stock

радити

work

службеник

employee

послодавац

employer

фабрика

factory

продавница

shop

економија - economy

полицајац
police officer

ватрогасац
fireman

кувар
cook

лекар
doctor

пилот
pilot

вртлар

gardener

столар

carpenter

кројачица

seamstress

судија

judge

хемичар

chemist

глумац

actor

возач аутобуса

bus driver

возач таксија

taxi driver

рибар

fisherman

чистачица

cleaning lady

кровопокривач

roofer

конобар

waiter

ловац

hunter

сликар

painter

пекар

baker

електричар

electrician

грађевински радник

builder

инжењер

engineer

месар

butcher

лимар

plumber

поштар

postman

војник

soldier

архитекта

architect

благајник

cashier

цвећар

florist

фризер

hairdresser

кондуктер

conductor

механичар

mechanic

капетан

captain

зубар

dentist

научник

scientist

раби

rabbi

имам

imam

монах

monk

свећеник

clergyman

чекић
hammer

клешта
pliers

одвијач
screwdriver

кључ за завртње
spanner

џепна лампа
torch

багер
digger

кутија за алат
toolbox

мердевине
ladder

пила
saw

ексер
nails

бушилица
drill

попоравити

repair

лопата

shovel

до ђавола!

Damn!

лопатица

dustpan

лонац за боју

paint pot

завртањи

screws

музички инструмент
musical instruments

звучник
loudspeaker

бубњеви
drum kit

гитара
guitar

контрабас
double bass

труба
trumpet

клавир

piano

виолина

violin

бас

bass

тимпани

timpani

удараљке за бубњеве

drums

типке клавира

keyboard

саксофон

saxophone

флаута

flute

микрофон

microphone

улаз
entrance

тигар
tiger

кавез
cage

зебра
zebra

храна за животиње
animal feed

панда
panda

животиње

animals

слон

elephant

кенгур

kangaroo

носорог

rhino

горила

gorilla

медвед

bear

камила

camel

нoj

ostrich

лав

lion

мajмун

monkey

фламинго

flamingo

папагаj

parrot

поларни медвед

polar bear

пингвин

penguin

аjкула

shark

паун

peacock

змиja

snake

крокодил

crocodile

чувар у зоолошком врту

zookeeper

туљан

seal

jaгуар

jaguar

пони

pony

леопард

leopard

нилски коњ

hippo

жирафа

giraffe

орао

eagle

дивља свиња

boar

риба

fish

корњача

turtle

морж

walrus

лисица

fox

газела

gazelle

амерички ногомет
American football

бициклизам
cycling

тенис
tennis

кошарка
basketball

пливање
swimming

хокеј на леду
ice hockey

бокс
boxing

фудбал

football

бадминтон

badminton

атлетика

athletics

рукомет

handball

скијање

skiing

поло

polo

скочити
jump

смејати се
laugh

загрлити
hug

певати
sing

ићи
walk

молити се
pray

пољубити
kiss

сањати
dream

писати
write

цртати
draw

показати
show

гурати
push

дати
give

узети
take

имати

have

чинити

do

бити

be

стојати

stand

трчати

run

повлачити

pull

бацити

throw

падати

fall

лежати

lie

чекати

wait

носити

carry

седити

sit

облачити

get dressed

спавати

sleep

пробудити се

wake up

гледати

look at

плакати

cry

миловати

stroke

чешљати

comb

говорити

talk

разумети

understand

питати

ask

слушати

listen

пити

drink

јести

eat

поспремити

tidy up

волети

love

кухати

cook

возити

drive

летети

fly

активности - activities

пловити

sail

рачунати

calculate

читати

read

учити

learn

радити

work

венчати се

marry

шити

sew

прати зубе

brush teeth

убити

kill

пушити

smoke

послати

send

бака
grandmother

деда
grandfather

отац
father

мајка
mother

беба
baby

ћерка
daughter

син
son

гост

guest

тетка

aunt

ујак, стриц

uncle

брат

brother

сестра

sister

тело
body

чело
forehead

око
eye

раме
shoulder

прст
finger

лице
face

брада
chin

рука
hand

груди
breast

нога
leg

рука
arm

беба
baby

мушкарац
man

жена
woman

девојчица
girl

дечак
boy

глава
head

леђа

back

стомак

belly

пупак

belly button

ножни прст

toe

пета

heel

кост

bone

кукови

hip

колено

knee

лакат

elbow

нос

nose

задњица

bottom

кожа

skin

образ

cheek

уво

ear

усна

lip

тело - body

уста

mouth

зуб

tooth

језик

tongue

мозак

brain

срце

heart

мишић

muscle

плућа

lung

јетра

liver

желудац

stomach

бубрези

kidneys

полни однос

sex

кондом

condom

јајна ћелија

ovum

сперма

semen

трудноћа

pregnancy

менструација

menstruation

вагина

vagina

пенис

penis

обрва

eyebrow

коса

hair

врат

neck

болница
hospital

болничко возило
ambulance

инвалидска колица
wheelchair

лом
fracture

лекар

doctor

хитна медицинска служба

emergency room

медицинска сестра

nurse

хитни случај

emergency

несвест

unconscious

бол

pain

повреда

injury

крварење

bleeding

срчани удар

heart attack

удар

stroke

алергија

allergy

кашаљ

cough

грозница

fever

грипа

flu

пролив

diarrhoea

главобоља

headache

рак

cancer

дијабетес

diabetes

хирург

surgeon

скалпел

scalpel

операција

operation

цт

CT

рентген

x-ray

ултразвук

ultrasound

маска

face mask

болест

disease

чекаона

waiting room

штака

crutch

фластер

plaster

завој

bandage

ињекција

injection

стетоскоп

stethoscope

носила

stretcher

термометар

clinical thermometer

рођење

birth

прекомерна тежина

overweight

слушни апарат

hearing aid

средство за дезинфекцију

disinfectant

инфекција

infection

вирус

virus

хив / аидс

HIV / AIDS

медицина

medicine

вакцинација

vaccination

таблете

tablets

пилула

pill

хитни позив

emergency call

уређај за мерење притиска
blood pressure monitor

болесно / здраво

ill / healthy

помоћ!

Help!

аларм

alarm

насртај

assault

напад

attack

опасност

danger

излаз у случају нужде

emergency exit

пожар!

Fire!

противпожарни апарат

fire extinguisher

незгода

accident

кутија прве помоћи

first-aid kit

сос

SOS

полиција

police

Европа

Europe

Северна Америка

North America

Јужна Америка

South America

Африка

Africa

Азија

Asia

Аустралија

Australia

Атлантик

Atlantic

Пацифик

Pacific

Индијски океан

Indian Ocean

Антарктички океан

Antarctic Ocean

Арктички океан

Arctic Ocean

Северни рол

North Pole

Јужни рол

South Pole

Антарктик

Antarctica

земља

Earth

земља

land

море

sea

оток

island

нација

nation

држава

state

земља - Earth

clock

бројчаник сата

clock face

сатна казаљка

hour hand

минутна казаљка

minute hand

секундна казаљка

second hand

Колико је сати?

What time is it?

дан

day

време

time

сада

now

дигитални сат

digital watch

минута

minute

час

hour

седмица
week

понедељак / Monday
MO
уторак / Tuesday
TU
среда / Wednesday
W
четвртак / Thursday
TH
петак / Friday
FR
субота / Saturday
SA
недеља / Sunday
SO

jуче

yesterday

данас

today

сутра

tomorrow

jутро

morning

подне

noon

вече

evening

MO	TU	WE	TH	FR	SA	SU
1	2	3	4	5	6	7
8	9	10	11	12	13	14
15	16	17	18	19	20	21
22	23	24	25	26	27	28
29	30	31	1	2	3	4

радни дани

business days

MO	TU	WE	TH	FR	SA	SU
1	2	3	4	5	6	7
8	9	10	11	12	13	14
15	16	17	18	19	20	21
22	23	24	25	26	27	28
29	30	31	1	2	3	4

викенд

weekend

киша
rain

дуга
rainbow

снег
snow

ветар
wind

пролеће
spring

јесен
autumn

лето
summer

зима
winter

метеоролошка прогноза

weather forecast

термометар

thermometer

сунчана светлост

sunshine

облак

cloud

магла

fog

влажност ваздуха

humidity

муња

lightning

грмљавина

thunder

олуја

storm

туча

hail

монсун

monsoon

поплава

flood

лед

ice

јануар

January

фебруар

February

март

March

април

April

мај

May

јуни

June

јули

July

август

August

септембар
....
September

октобар
....
October

новембар
....
November

децембар
....
December

круг
....
circle

квадрат
....
square

правоугао
....
rectangle

троугао
....
triangle

кугла
....
sphere

коцка
....
cube

бела

white

жута

yellow

наранџаста

orange

ружичаста

pink

црвена

red

љубичаста

purple

плава

blue

зелена

green

смеђа

brown

сива

grey

црна

black

много / мало

a lot / a little

љутито / мирно

angry / calm

лепо / ружно

beautiful / ugly

почетак / крај

beginning / end

велико / малено

big / small

светло / тамно

bright / dark

брат / сестра

brother / sister

чисто / прљаво

clean / dirty

потпуно / непотпуно

complete / incomplete

дан / ноћ

day / night

мртво / живо

dead / alive

широко / уско

wide / narrow

jестиво / нејестиво

edible / inedible

зло / добро

evil / kind

узбуђено / досадно

excited / bored

дебело / мршаво

fat / thin

на почетку / на крају

first / last

пријатељ / непријатељ

friend / enemy

пуно / празно

full / empty

тврдо / мекано

hard / soft

тешко / лагано

heavy / light

глад / жеђ

hunger / thirst

болесно / здраво

ill / healthy

илегално / легално

illegal / legal

паметно / глупо

intelligent / stupid

лево / десно

left / right

близу / далеко

near / far

ново / половно

new / used

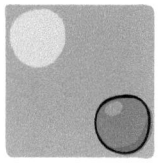

ништа / нешто

nothing / something

старо / младо

old / young

укључено / искључено

on / off

отворено / затворено

open / closed

тихо / гласно

quiet / loud

богато / сиромашно

rich / poor

тачно / погрешно

right / wrong

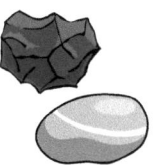

храпаво / глатко

rough / smooth

тужно / сретно

sad / happy

кратко / дуго

short / long

полако / брзо

slow / fast

мокро / сухо

wet / dry

топло / хладно

warm / cool

рат / мир

war / peace

супротности - opposites

0

нула

zero

1

један

one

2

два

two

3

три

three

4

четири

four

5

пет

five

6

шест

six

7

седам

seven

8

осам

eight

9

девет

nine

10

десет

ten

11

једанаест

eleven

12

дванаест

twelve

13

тринаест

thirteen

14

четрнаест

fourteen

15

петнаест

fifteen

16

шестнаест

sixteen

17

седамнаест

seventeen

18

осамнаест

eighteen

19

деветнаест

nineteen

20

двадесет

twenty

100

стотину

hundred

1.000

хиљаду

thousand

1.000.000

милион

million

енглески

English

амерички енглески

American English

мандарински кинески

Chinese Mandarin

хиндски

Hindi

шпански

Spanish

француски

French

арапски

Arabic

руски

Russian

португалски

Portuguese

бенгалски

Bengali

немачки

German

јапански

Japanese

ja

I

ти

you

он / она / оно

he / she / it

ми

we

ви

you

они

they

Ко?

who?

Шта?

what?

Како?

how?

Где?

where?

Када?

when?

HELLO, I AM

име

name

иза

behind

у

in

испред

in front of

преко

over

на

on

испод

under

поред

beside

између

between

место

place